Ciudad Gótica

Museo Salvaje

Colección de poesía

Poetry Collection

Wild Museum

Sean Salas

CIUDAD GÓTICA

Nueva York Poetry Press®

Nueva York Poetry Press®

Nueva York Poetry Press LLC
128 Madison Avenue, Oficina 2RN
New York, NY 10016, USA
Teléfono: +1(929)354-7778
nuevayork.poetrypress@gmail.com
www.nuevayorkpoetrypress.com

Ciudad Gótica
Sean Salas

ISBN-13: 978-1-950474-17-2

© Presentación:
Javier Alvarado

© Contraportada:
Juan Carlos Olivas

© Colección *Museo Salvaje* Vol. 35
(Homenaje a Olga Orozco)

© Dirección y edición:
Marisa Russo

© Diseño de portada:
William Velásquez Vásquez

© Diseño de interiores:
Daniela Andrade

© Fotografía de portada e interiores:
Adobe Stock Lic.
© Fotografía de autor:
Gabriela Tovar

Salas, Sean
Ciudad gótica / Sean Salas. 1ª ed. New York: Nueva York Poetry Press, 2022, 118 pp. 5.25" x 8".

1. Poesía costarricense. 2. Poesía centroamericana. 3. Literatura latinoamericana.

Todos los derechos reservados. Esta publicación no puede ser reproducida, ni en todo ni en parte, ni registrada en o transmitida por, un sistema de recuperación de información, en electroóptico, por fotocopia, o cualquier otro, sin el permiso previo por escrito de la editorial, excepto en casos de citación breve en reseñas críticas y otros usos no comerciales permitidos por la ley de derechos de autor. Para solicitar permiso, contacte a la editora por correo electrónico: nuevayork.poetrypress@gmail.com

Sean Salas de Costa Rica es un poeta que se atreve a decir. Hablar con él y leerlo es un oxímoron total. La luz en él puede ser una leve evocación y prefiere el claroscuro o el petróleo elemental de las sombras. Sus poemas contraponen realidades, son espejos con anversos y reversos donde la ironía y el patetismo abren vetas para muchas interpretaciones. Ya nos dio su Alter Mundus y ahora funda desde allí una Ciudad Gótica, en su constancia con el lenguaje; que a manera de lucerna o no, comunica desde sus personales y poéticas tinieblas una hecatombe de las culturas, de personas y personajes y de las civilizaciones; un grito de un joven centroamericano que nos remite a la pintura de Munch o a una gárgola con su insurrección de piedra.

JAVIER ALVARADO
Ocú, Panamá

Un hombre va al médico. Le cuenta que está deprimido. Le dice que la vida le parece dura y cruel. Dice que se siente muy solo en este mundo lleno de amenazas donde lo que nos espera es vago e incierto. El doctor le responde; "El tratamiento es sencillo, el gran payaso Pagliacci se encuentra esta noche en la ciudad, vaya a verlo, eso lo animará". El hombre se echa a llorar y dice "Pero, doctor... yo soy Pagliacci"

ALAN MOORE
de *Watchmen*

Bestiario
(I)

No es necesario el fuego, el infierno son los otros

JEAN-PAUL SARTRE

Primeras palabras de un bebé con aliento a tabaco

Leopoldo María Panero
aún no aprende a hablar
pero está a punto de publicar su primer libro.

Cuando gatea parece un chupacabras cachorro.
Desde que saboreó la sangre no le gusta la leche materna.

Su padre lo carga con el brazo izquierdo,
con el derecho sostiene los pañales
y una minicamisa de fuerza.
Intenta presionar el botón que apaga la luz.

El feo Leopoldo pregunta:
—Papá, ¿cuando se apaga la luz
dónde va lo claro?

Para callarlo, le da su golosina favorita.

El demonio consentido del paraíso
se marcha a jugar,
fumando.

TABAQUERÍA EN CIUDAD GÓTICA

> Aguardando siempre la misma señal
> JOSÉ CARLOS BECERRA

Recomenzando siempre ridículas cartas de amor
con ánimos de fingir el dolor que todos sienten,
de ver la historia de mi vida en un cine abandonado
y confesar que de mi máscara brota mi verdadero rostro
como las flores brotan de las tumbas.

La loca del pueblo me felicita por ser poeta,
y ella, que sufre por su belleza de ángel caído
debería saber que no es consuelo
desarrollar branquias para respirar por la herida.
Empatizo tanto con el más allá
que confundo a los vivos con fantasmas
cuando veo que desde afuera intentan girar el pomo de la puerta
para entrar a la casa sola desde la que escribo.
Los años mancharon de blanco mis ideas
y la tinta no pudo lavar la pólvora en mis manos.

El viento entre las ramas tenía un mensaje para mí
y yo era la anciana que no entiende a los jóvenes
que hablan demasiado rápido,
por las malas aprendí a reacomodar piezas de mi cráneo
como el científico frustrado que inventó la máquina del
                                                                                     tiempo
reparando un reloj barato

Ahora entiendo al marciano en la radio
cantando que podemos ser héroes solo por un día,
a Diógenes con su lámpara buscando poetas en los recitales,
distingo a lobos disfrazados de ovejas que atormentan a los insomnes.
Ahora soy un espejo que medita lo que refleja.
A las nubes no les doy forma cuando las miro,
prefiero imaginarlas llenas de electricidad.

Pequeños y grandes dioses
me dejan sentarme a beber con ellos
para reírse escuchando falsas historias
de mi herida que no cicatriza.

Un girasol para Van Gogh

Hay un museo bajo el cementerio
lleno de obras inacabadas o inacabables.
El alma es un bebé abandonado
a las puertas cerradas de la eternidad.
No tengo pruebas,
solo lectores que aún no nacen.

En la oreja que regalé a una prostituta
escondí este cuadro pintado con palabras.
Hace dos días me pegué un tiro en el pecho
y olvidé morir como en un funeral
todos olvidaron su luto al escuchar
los gritos de una embarazada
a la que se le rompió la fuente.

FALSA ALARMA

Alguien marcó mal un número,
el suicida —alegre— se quita la soga
y corre hacia el teléfono.
Pero la llamada no era para él.

Así de rápido viene la inspiración.
Así de rápido se pone en tu contra.

No saber qué hacer
con la inspiración
es peor que la falta de inspiración.

Esa luz al final del túnel
puede ser otro tren que viene a embestirte.

IDENTIDAD

Al menos una vez en la vida
todos hemos querido ser Rip Van Winkle,
ese holgazán holandés

que se durmió al pie de un árbol cualquiera
en las montañas embrujadas de Kaatskill
y despertó veinte años más tarde

sin la obligación de reconocer a alguien
y nadie vivo capaz de reconocerlo.
Una oportunidad de oro.

Esperanza de vida en Siria

La esperanza de vida de una mosca
es de un día o menos,
no tienen tiempo para ser filosóficas.

En Siria, las moscas son muy felices.
Si tuvieran boca sonreirían de antena a antena.
Si tuvieran cerebro sabrían que son moscas.

Sobrevolando un campo recién bombardeado
ven una manita sobresaliendo de los escombros,
piensan que esa manita empolvada —sin vida—
es una flor. Según las moscas los niños
son semillas sembradas en cemento.

En ese jardín gris de residuos radiactivos
las moscas juegan a ser mariposas
descansando en pétalos tiesos.

Durante su corta existencia
las moscas en Siria nunca están tristes,
hay suficientes flores para todas.

Amigos imaginarios

Peligrosa costumbre
de crear amigos imaginarios;

al igual que los reales
siempre son candidatos a enemigos.

Más peligroso es imaginar
amigos o amantes basados en personas reales
que jamás lo serán.

Nunca tuve muchos
—reales o imaginarios—
mi mente es una cama individual.

Se supone que tenerlos
crea la sensación de ser un dios
al mando de todo.

No es mi caso,
solo disfruto ser cruel
cuando no me percato.

¿Yo soy yo o lo que imaginaron los falsos amigos?
Somos el sueño o pesadilla de alguien,
ideas encuadernadas en piel humana.
¿Por qué no nos duele
cuando nos arrancan páginas?

Nadie puede leer a nadie.

MEMENTO MORI

> Para vencer la perturbación o una inquietud tenaz
> no hay como imaginar el propio entierro
> EMIL CIORAN

Escribimos tantos poemas sobre la muerte
por la misma razón que el papa Inocencio IX
encargó que lo pintaran muerto,
para decisiones importantes
nada mejor que la privacidad del ataúd.

Escribimos tantos poemas sobre la muerte
por la misma razón que los tímidos
imaginan a todos en ropa interior
cuando deben hablar frente a toda la clase.

CHAMANISMO

Cuando se acaba la música
apago la luz e intento dormir,
pero el fantasma de Jim Morrison
tiene problemas con la autoridad,
tira abajo la puerta de la percepción
y regresa unos minutos a *este lado*.
Aunque es transparente me da la espalda.
No sé si habla solo o conmigo.
Lo último que dijo me iluminó
como si hubiese caído al suelo
un frasco lleno de luciérnagas:
somos puertas cerradas
con la llave olvidada adentro.

VENDRÁ LA MUERTE Y TENDRÁ GAFAS 3D

Si antes de morir
nuestra vida pasa frente a nosotros
¿el ángel de la muerte nos acompaña
o la vida es de esas películas que deben mirarse a solas?
No me sorprendería que prefiera llevarse
a niños que cruzan la calle distraídos
o a los que juegan con fuego.

La mayoría de adultos viven la misma rutina.
Antes de morir podrían ver la historia
de cualquier compañero de oficina,
día a día, y no notarían la diferencia.

¿Cuántas veces habrá mirado
la muerte su reloj de arena,
aburrida de tantas vidas
con la misma trama predecible?

ÁFRICA

Igual que Narciso
una niña en África
bebe agua de un lago contaminado
y este le devuelve su reflejo:
un esqueleto.

LIMERENCIA

Casi idénticos
como el cráneo de un dragón
y el de un dinosaurio.
Del mismo tamaño
como la rama de la que cuelga el ahorcado
y otra donde se columpia un niño.
Dolorosamente disonantes
como el tintineo de un brindis
y el crujido de vidrios rotos.
Parecidos pero opuestos
como una bola de nieve
y un puñado de ceniza.

Los sentimientos del Otro,
tan similares a los nuestros
y al mismo tiempo tan distintos.

MALDOROR

> Oh Lautréamont, príncipe de la blasfemia piadosa
> ALFREDO CARDONA PEÑA

El niño desea morir de asombro
en una época en la que se muere por menos
y por mucho menos se vive.
Atrás quedaron los días
de dar palizas a usureros en el templo,
el cordero moderno no está entrenado
para desenterrar el cuchillo de su propio sacrificio
y los ciegos que mejoran nuestra vista
se pudren olvidados bajo los puentes.

Manos adultas que buscan piojos
en la cabeza de Maldoror
podrían aplastar mundos enteros de ideas.

Si el bando del bien permite crueldad en la luz
hay que unirse al lado de las sombras,
polinizar con símbolos las mentes,
trabajar encubierto para el sagrado equilibrio
como las esculturas de los demonios
que ayudan a sostener pilares importantes
que mantienen en pie las catedrales.

EZRA POUND CON MÁSCARA DE GUY FAWKES

> Bajo esta máscara hay una idea,
> y las ideas son a prueba de balas
> ALAN MOORE
> de V de Vendetta

El candado imaginario
en la mente del cuerdo lo esclaviza.
La llave imaginaria en la mente del loco
lo hace indomable.

Dentro del manicomio
"se vive más con ideas que con personas".
Afuera en las calles
entre cuerdos confirman su cordura
como siameses de marioneta y titiritero
dándose respiración boca a boca

y a los locos intentan lapidarlos
por ser los únicos en la mascarada social
que muestran su carencia de rostro.

LIGA DE LA JUSTICIA

Ya pasó el tiempo de los grandes poetas
que prometen mejorar el mundo.
También es hora de decir adiós a poetas menores
que se quejan de ser ignorados por el mundo.

Virgilio aconsejó a Dante ser breve y sensato,
el Infierno y el Paraíso siempre serán un mejor tema
que el amor no correspondido por Beatriz.

Los poetas no deberían perder su juventud
en los burdeles: las *musas* tampoco.

Antes del recital no es necesaria la cabina telefónica
para disfrazarse con el heroico traje
de chaqueta de cuero con bufanda bohemia.

Ya que no existe el selecto club
de Homero, Ovidio, Horacio y Lucano
para purgar la envidia entre poetas,
es hora de construir el salón de la justicia
para superhéroes sin superpoderes.

DIARIO DE WALTER KOVACS (RORSCHACH)

> Y si necesitamos tanto amor,
> ¿de quién es la culpa?
> MICHEL HOUELLEBECQ

I

No recuerdo dónde leí o escuché
que el amor es una enfermedad mental.
¿Es el verso de un poeta despechado
o un dato comprobado por la ciencia?

Los taxistas nocturnos
han visto más amor en el retrovisor
que los sacerdotes en sus blancos domingos.
Qué diría Allen Ginsberg
si viera a las mejores mentes de una generación
arruinadas por la cordura.

¿Creemos en el amor como los niños
creen en la inmortalidad de sus madres?

II

Según el mito griego del amor
antes éramos perfectos,

teníamos cuatro piernas y cuatro brazos
y los dioses nos modificaron
porque todo lo perfecto es aburrido.

Las orgías se convirtieron en el teatro del amor
con corazones ebrios de palabras fermentadas
y máscaras detrás de la piel
para ocultar el deforme rostro de la personalidad;

encontrar nuestra *alma gemela*
parecía una buena excusa
para acostarse hasta con las estatuas.

III

Raymond Carver fue un niño curioso,
a todos los adultos les preguntaba
de qué hablamos cuando hablamos de amor.

Leyó que quizá el verdadero amor
solo puede existir en la ficción,
preguntó a quienes leen poco
en comparación a lo mucho que escriben
y las respuestas lo hicieron un experto en temas
como las finanzas, estética, alianzas de imperios,
el Arte de Perder de Elizabeth Bishop
y el Arte de la Guerra de Sun Tzu.

Aprendió una cruda verdad:
"A batallas del amor, campo de plumas",
y lo mismo para las batallas del odio.

IV

En San Valentín
los primeros en llegar al motel
son el profesor canoso y la alumna
que siempre le obsequia una manzana.

Llegan al orgasmo
multiplicando caricias
como brazos de dios hindú
pero con la débil energía
de un ídolo de barro,
él pensando en actrices porno
con sabor a plástico
y ella en comedias románticas
de risas enlatadas.

¿Cuánto tarda una cama de agua
convirtiéndose en un témpano de hielo?
El amor, como la piedad,
conviene más al débil que al fuerte,
¿quién es el débil y quién el fuerte?

PREGÚNTALE A LA LONA

Me gusta ver a Rocky Balboa triste.

Cuando sube la marea
en sus ojos de tigre
Rocky deja de tartamudear
y boxea con las palabras.

Le dijo a su hijo
que nadie golpea más fuerte que la vida
porque hay que morder la lona
para aprender ciertas lecciones.

Un día entrará a su restaurante
en Philadelphia, mirará con nostalgia
las fotografías y escribirá un poema
como cuando su esposa cayó en coma.

No hay ninguna diferencia
entre meditar en islas griegas
o en la esquina de un cuadrilátero.

Cuando un hombre piensa en su pasado
se usa a sí mismo como saco de boxeo,
para el alumno atento el dolor es muy educativo.

LET ME STAND NEXT TO YOUR FIRE

Los poetas tienen mucho que aprender de Hendrix.

Nunca tocó dos conciertos iguales.
Inclasificable, se reinventaba a diario.

En un mundo manchado de la espuma
de artistas con rabia, él nunca se dejó morder
por el sucio hocico de la fama.

Siempre recordó a los pocos nombres
que lo apoyaron al principio,
al resto los perdonó con el olvido
o con un autógrafo.

Su música no se escucha, se experimenta.
Uno de los momentos más esperados
era cuando Hendrix lanzaba su guitarra al fuego.
¿Por qué no hacen lo mismo los poetas?

El resto lo confesaré en el infierno

Negociaré con él
como policía contra el terrorista
y sus rehenes. Estoy dispuesto a todo
menos a torturar gatos negros.
Deseando el frío abrazo
de los que no pueden ser abrazados
en la noche solo escucho ruidos
con explicación lógica. Nada del más allá
se manifiesta en mis fotografías.
¿Son los fantasmas como un arcoíris
que desaparece si lo miro de frente?
Tal parece que algunas almas en pena
solo quieren ser vistas de reojo.

No resucitaría a nadie.
A nadie puedo maldecir con la inmortalidad.
Siempre es más soportable
un corazón congelado de golpe por el miedo
que por la tristeza.

¿Dónde está el diablo cuando se necesita?

Colección privada

Lo que ocurre detrás de la máscara es asunto nuestro
NIKOS KAZANTZAKIS

RITUAL MAYA

Ella misma se acomoda
sobre la roca de los sacrificios.

Ella misma toma el cuchillo
y se abre el pecho.

Sus manos ensangrentadas
me entregan su corazón palpitante.

No pude hacer lo mismo por ella.
No sé dónde está mi corazón.

Ella misma finaliza el ritual
tirándose gradas abajo.

Es una larga caída
desde la cúspide de una pirámide

pero nada la dañó tanto
como amarme de la manera que me amó.

FUEGOS FATUOS

Si planeas mudarte a mi corazón
no olvides llenar tu maleta
con tu ropa para sobrevivir al invierno.

*

Paul Auster tiene razón.
No estoy a la altura de nuestra historia,
no encuentro las palabras para contarla.

*

Soy fácil de olvidar
me dijiste en una vida pasada.
Reencarno y aún lo recuerdo.

VECINDARIO

Mis vecinas me temen
como las monjas de Transilvania
al Conde Drácula.

No disimulan que se persignan al verme.
Una adornó su jardín con ajo y crucifijos.
La peor es la religiosa
que habla de amar al prójimo
y de lo arrugada que está la mujer del prójimo.

Acepto que estoy debilitado en el día,
me llevo muy mal con los espejos,
muy bien con los lobos solitarios,
en mi taberna favorita siempre pido licor rojo
y es asunto mío en qué cuellos
me apetece enterrar mis colmillos.

Exageran mis errores
como se exageraron hace siglos
los crímenes de Vlad *El Empalador*.

No me culpen por los besos
que convierten a Eva en Lilith.

No poseo la elegancia diabólica
ni la eterna juventud, solo las ojeras
Es difícil quedarse dormido
cuando la cama es fría como el ataúd
lleno de hierba y tierra hechizada
donde el vampiro descansa
con la ventaja de que nadie cree en su existencia.

GOLOSINAS

Los niños y sus dientes flojos me quitan la paz.
Me recuerdan lo que dijo Boris Vian:
"la vida es una muela, hay que arrancarla".

Caí en el pesimismo de Schopenhauer y compañía
como Hansel y Gretel cayeron en la trampa
de la bruja en su casa de azúcar.
Abrí libros cuyo contenido
es igual a esa luz utilizada por dentistas
para iluminar lo peor de las dentaduras,
luz del conocimiento que despierta lo oculto
en el abismo abordo de nosotros.

Tenía razón el filósofo que criticó filósofos
por vendernos golosinas del pensamiento,
carnadas que nos tientan a salir
de nuestra confortable cueva.

Los niños y sus dientes flojos me entristecen.
Me recuerdan la inofensiva oscuridad
a la que solo tememos durante la infancia.

LOST IN TRANSLATION

Tradujeron mis poemas al japonés.
No me preocupa viajar hasta Asia
a leer poemas que nadie entenderá.
¿En qué se diferencia mi ciudad de Tokio?
Incomprendido como me siento
da igual si estoy en casa o en un templo budista.

Contra todo pronóstico encontré a alguien
capaz de entenderme telepáticamente,
ella me quiso a pesar de ser testigo
del pleito de gatos que es mi cabeza.
No lo noté a tiempo
y como dijo Bukowski cruzando sus piernas:
"No hay nada peor que demasiado tarde".

El sabio Lao-Tse aconseja
decir lo que hay que decir
y luego callar para siempre.
Yo perdí a alguien
que incluso hubiera sido capaz
de entender ese silencio.

Pensamientos intrusivos

> Supo que iba a ofrecer cualquier cosa
> por olvidar lo que había visto
> Juan Carlos Onetti

En Francia, al orgasmo lo llaman *pequeña muerte,*
mismo nombre de una película snuff
que según cuentan, muestra asesinatos reales.

Verdad o mito,
no puedo ver escenas grotescas
de personas torturadas hasta morir
con tanto realismo:
ropa dispersa en la escena del crimen,
marcas en la piel, gemidos violentos.
Una posible solución sería el *Asubhã*:
método budista que fortalece la mente
contemplando todas las fases de un cadáver.

A mí ninguna técnica budista
puede librarme de ese insomnio
tan lleno de pesadillas
cada vez que recuerdo la foto
donde te vi en brazos de otro,
muriendo.

CÓDIGO JUNG

La mente funciona igual
que los cuartos de interrogatorios.
La pregunta no es
si soy el interrogador o el sospechoso
sino cuándo soy uno u otro.
¿Me interroga una sombra,
una máscara o una persona?
Nos observan tras el espejo
que realmente es una ventana en la oscuridad.

Los giros e ironías de la vida
son el truco del policía bueno y el policía malo.
En casa decisión
impregnamos algo de nosotros,
así nos olfatea el karma.

Curioso caso de Benjamin Button

Día del niño:
                barba blanca,
me la rasuro
rompo a llorar

HORARIO DE VISITAS

Espero la noche
igual que los prisioneros el día de visitas.

Entro a mis sueños con los ojos abiertos.
Soñando no podemos leer o morir
pero podemos hablar con los muertos.

Son muy elegantes:
ni un gusano en el pelo,
nada de tierra en sus trajes.
El ataúd les sienta tan bien
como una cámara de bronceado.
Así de poco turístico es el más allá:
los muertos llevando flores a los vivos,
los vivos regando flores plásticas.

Igual que el horario de visitas en prisión
mis sueños acaban demasiado pronto.
Al despertar no estoy seguro
de quién está libre y quién encerrado.

Zoso

Lo que yo necesito son largas vacaciones
en un lugar embrujado como la casa Boleskine.
Cuentan que en sus pasillos se escucha
una cabeza rodando y oraciones de los monjes
que sin enterarse murieron quemados en el interior
mientras gozaban de una orgía ocultista.

Me vendría bien *perder la cabeza*,
convertirla en lámpara para los lunáticos
como hizo Bertrán de Born,
relajarme estrellando mi cráneo contra la pared
al estilo del suicida Pedro Desvignes
o jugar con el monstruo del Lago Ness
como si mi cabeza fuera una rama y él un sabueso.

Lo que sea con tal de silenciar
el monólogo de Hamlet dentro de mí.
La última expresión del decapitado
nunca es peor que la mirada del hombre vivo
incapaz de ignorar la duda existencial:
ser o no ser.

Bestiario
(II)

> Pero justo ahora, sálvate de vos mismo,
> ya habrá tiempo de apagar el infierno de los otros
> OSVALDO SAUMA

UN ROSTRO EN LA MULTITUD

Con Whitman te bastaría un día y una noche
para poseer el origen de los poemas.

Yo te diré que es un lugar inconquistable
donde la sombra es un empleado que conoce sus derechos,
sabe que es sano alejarse del cuerpo
y tomarse un descanso como los dobles de acción.

Lugar donde dos ojos no bastan
para encontrar en la calle monedas o átomos
que pertenecen a quien quiera descubrirlos
como el poeta en Nueva York que supo ver mariposas
en la barba del anciano que se celebra a sí mismo
mientras holgazanea jugando con una brizna de hierba.

En este lugar tarde o temprano
habrá un pacto amistoso
entre el niño crecido y el padre terco.
Aquí el tiempo es relativo pero implacable
como la gata que encara al perro grande
que se acerca a olfatear a sus crías.

Lugar sin casas, solo hogares
donde no entra la usura y nadie quiere sirvientes
sino amigos que entienden los versos
sin el orgullo de querer entenderlos completamente.

Lugar inconquistable donde a veces estarás distraído,
caminando sobre el agua, sobre un arcoíris
o en cualquier callejón sin salida
y de pronto chocarás contigo mismo.

Casino

Einstein se equivocó.
Dios sí juega a los dados con el universo.

Arriba en las nubes Pedro tiene una libreta
con muy pocos nombres anotados,
incluso Dante tuvo que recurrir a sus contactos
para lograr entrar al área de invitados especiales.

Los ángeles en camisa blanca y chaleco rojo
tienen órdenes específicas: no dejar ganar a nadie.

Para ocultar sus negocios sucios
hasta en el vaticano andan diciendo *Dios está muerto*,
pero en realidad fingió su muerte
igual que los famosos cuando quieren evadir impuestos.

El diablo —ex empleado del casino—
al menos da premios de consolación
a quienes endeudan su alma en pecados.

Cuando ya no queda dinero ni vida en los bolsillos
los creyentes son expulsados del casino del cielo.
Pero nunca aprenden la lección,
como los adictos a las apuestas
pierden todo lo que tienen esperando un golpe de suerte.

Estatua de la libertad

La estatua de la libertad tiene una doble vida.
Bajo su atuendo lleva otro vestido
que no deja nada a la imaginación.
Cambia su antorcha por un tubo,
baila a quienes pueden pagar su alto precio.
Despierta el deseo en hombres
que no pueden evitar pensar en ella
porque saben que no podrán poseerla.
No visita países pobres afectados por la guerra,
no ayuda en las protestas del pueblo,
está muy ocupada en la Casa Presidencial,
sentada en el regazo de la estatua de Lincoln
y fingiendo que no extraña al Coloso de Rodas.
¿A quién se le ocurrió ubicarla
en una ciudad que nunca duerme?

Planeta de los simios

Niño simio pidió a Papá simio ir al zoológico.
Mamá simio hubiera preferido quedarse en casa
preparando pastel de banano.

Él piensa que los caballos son fascinantes.
Ella está más interesada en aves exóticas.
Niño simio se divierte más con los humanos
tan vulgares y violentos.

Mamá simio quiere foto junto a la jaula
para modelar su elegante abrigo de piel.

El rótulo dice que los humanos
podrían ser mejores soldados que los Gorilas,
aprender arte con los Orangutanes,
ser de mente abierta como un Chimpancé,

no menciona que para traerlos
cuando aún son bebés de pecho,
cazador simio debe matar a mamá humana.

INOCENCIA DE CARRIE WHITE

Día del niño:
la celebración se termina
con la sangre en mi entrepierna.

SOLUCIÓN FINAL (*ENDLÖSUNG*)

> *Al pasar la policía por delante,*
> *el bebé empezó a llorar y la madre, aterrorizada,*
> *lo asfixió con sus propias manos*
> WŁADISLAW SZPILMAN

Durante el Holocausto
los monstruos nocturnos
perdieron su empleo.

Temerosos de algo mucho peor
que los conjuros de brujas insidiosas
los niños judíos dormían en armarios
o sótanos ocultos bajo la alfombra
en la que celebraban su *sabbat*
cuando eran libres.

Familias amontonadas como roedores
en grietas con poco oxígeno,
sin más que velas enfriadas y pan mohoso.

Para no delatar su posición
dormían sin quejarse en la oscuridad,
sin lámparas ni canciones maternales.
No podían temer al horror sobrenatural
porque sabían lo que ocurría a los pasajeros
del tren con destino a Auschwitz.

Cada noche una pesadilla
despertaba a los niños famélicos
pero de sus labios deshidratados
no escapaba ningún grito.

Con toda la fuerza de sus mandíbulas
se mordían la lengua hasta desmayarse,
pedir auxilio le facilitaba su oficio a la muerte.

CABALLO DE TURÍN

¿Cómo se quitaban el estrés las personas
cuando no existían autos?

¿Cuántos latigazos sin sentido
hirieron a caballos inocentes?

La autopista es una zona de guerra fría.
Mirado fijamente, un semáforo en rojo
es como el abismo que según Nietzsche
puede sacar lo peor de las personas.
Las ofensas van y vienen como balas,
las señas obscenas son granadas de mano,
el enojo y la frustración
se liberan a golpes contra el claxon.
Pisar un acelerador con mala intención
puede volar una vida en pedazos
igual que una mina en el campo de batalla.

¿Cuánta sangre de caballo derramada
por un jinete que tuvo un mal día?

Isla Paraíso

El ejército en Costa Rica es femenino.

El secreto de la Isla del Coco
no es el Parque Jurásico
ni antiguos cofres de piratas.
Siempre ha sido Themyscira,
también conocida como Isla Paraíso;
hogar de la Mujer Maravilla.
Sociedad donde no son bienvenidos
Heracles y sus bestias míticas con palabras
que esclavizan mujeres sin razón.

Nadie le cree a los buzos que aseguran
haber visto Sirenas en la zona.
Pegaso siempre ha sido parte
de la vasta fauna tica.

Con Afrodita, diosa del amor
y con Atenea, diosa de la sabiduría
¿qué más necesitan las amazonas
en su habitación propia?

Los geólogos aseguran que algún día
la Isla se unificará con Puntarenas,
calculan que para ese día debemos esperar
más tiempo del que podemos vivir.

Hasta entonces, en el resto del país
no se debe permitir que sufra más bajas
el ejército de las amazonas.

HOUDINI

Ir a un espectáculo de magia
es la única manera aceptable
de pagar para ser engañado.

Yo me esforzaría para ser el mejor mago.
No quiero trabajar en Las Vegas,
jugar sucio al póker
ni partir mujeres por la mitad.
Aprendería el truco de desaparecer personas
y con las peores intenciones
no estudiaría la manera de regresarlas.
No elegiría al azar entre el público
sino algunos nombres subrayados
en mi lista negra de contactos.

No debo ser el único con deseos de enviar a alguien
al planeta más alejado de la Vía Láctea,
disminuir sus voces y rostros
hasta el punto pálido de Sagan.
Sería una forma de liberarme de unas cadenas
no tan distintas de las que escapaba Houdini.

Syd Barrett

Daba un paso al frente
y dos de vuelta al pasado.
Su mano puso en el camino
la piedra de la locura.

Nunca supo distinguir
un hongo nuclear de un atardecer.
Su mente: prisión de seguridad mínima
con presos de máxima peligrosidad.

Acabó igual que su guitarra
abandonada en el sótano:
empolvado, con cuerdas rotas,
costillas llenas de huevos arácnidos.

Olvidado a la velocidad de la oscuridad.

Gérard de Nerval y su langosta

Nada ha cambiado,
el mundo es un libro cuya última pagina
nos regresa a la primera,
sigue girando enfriado por ese sol
que no es tan negro como tú creías.

Nadie excepto tu Quimera te extraña;
te espera fiel como Argos,
deseando las hadas crudas en el plato
y la caricia esquelética en su cabeza.
¿Qué puede hacer en un cuarto vacío un gato
con cabeza de león, cuerpo de cabra y cola de serpiente?

En el sanatorio no te extraña
el Coco que te leía cuentos de madres crueles,
los hijos de burgueses ahora lanzan piedras a otro poeta
y ya se casó con otro aquella mujer
con la que descorchaste el vino de demonio embotellado
que guardabas para una noche estrellada.

Hubieras sido capaz de dislocarte un hombro
para quitarte la camisa de fuerza,
a nadie sorprendió que te ahorcaras
para callar las voces que convertían tu cabeza
en un espiral de mundos y días.

Cuando dejen de brotar mandrágoras
en la Calle de la Farola Antigua
nadie recordará los paseos con tu mascota
por el jardín de las estatuas castradas,

nunca se sabrá cuál orinaba los altares
y cuál masticaba huesos ajenos.

¿Acaso las Quimeras,
como las pupilas del perro,
no pueden ver los colores?
¿Entenderá algún hombre o bestia
el significado de la noche negra y blanca
en tu nota suicida?

ALICIA EN LENCERÍA DE LÁTEX

De momento sigue a salvo
mi secreto mejor guardado.

Soy mi propia droga. Disfruto hablar solo
como el tímido bailando cuando nadie lo mira,
como Hemingway leyendo en secreto a Faulkner
o Faulkner leyendo en secreto a Hemingway.

Mi boca es un rifle con silenciador.

No invento amigos imaginarios,
invento mi *doble de acción.*
Hablo conmigo mismo,
me cito filósofos clásicos,
muy a menudo yo mismo me ofendo.

Yo pregunto. Yo respondo.
No sé cómo cerrarme la boca.
Hablar solo es un pequeño placer
que me evita grandes crímenes.

De mi sombrero saco cualquier conejita Playboy.

Quien aprenda a leer labios
sabrá lo mucho que disfruto
en el País de las Maravillas dentro de mi cabeza;
yo y Alicia desnudos frente al espejo,
ambos derritiendo hongos con la lengua

para modificar nuestros cuerpos.

Las mentes creativas
pueden saborear los frutos prohibidos
que nunca caen del árbol de la realidad.

(Don't fear) The reaper

> Con uno solo de tus huesos a mi lado
> esto no se puede llamar tumba
> ALFREDO TREJOS

En la tumba de Mary Shelley
laten dos corazones.

Ella aprendió a leer estudiando lápidas.
Perfeccionó su letra copiando epitafios.

Percy también sabía apreciar la belleza
de la arquitectura fúnebre.
Era casi un hermano de Lord Byron:
bebían vino en copas hechas con cráneos humanos
y cualquier excusa era buena para un brindis.

En la hora más silenciosa de la madrugada
—cuando las prostitutas dormían como bebés
y los ladrones de cadáveres trabajaban—
dos sombras alargadas por la luz de la luna
caminaban de la mano entre tumbas.

Murieron jóvenes. Él ahogado en el mar.
Ella escapando de la hoguera. Pero antes de eso
murieron de amor muchas veces.
Le quitaron el dominio a la muerte
como Prometeo el fuego de la vida a los dioses.

Desquiciados, los perros del sepulturero aúllan,
hay rayería sobre el cementerio.
Mary y Percy llegan al orgasmo.

GEORG TRAKL EN SUEÑOS

Cuando los murciélagos cantan el amanecer en Borneo
se barren las gradas de la iglesia
donde estuvo sentado el leproso
y la anciana se prepara para ir de puerta en puerta
ofreciendo manzanas rojas
a los tristes que ni siquiera sirven para vender el alma.

Primero despiertan los dedos,
luego los pies y muy despacio los labios,
la densa niebla motiva al poeta a usar el traje
guardado en un armario bajo tierra.

Esto es la gloria:
emborracharse hasta dormirse cantando
y despertar en una tumba ajena,
placeres carnales que arrancan el amor
como el bebé que no pidió vivir
arrancó con un mordisco el pezón a su madre.

Mueren rápido los días felices
de cocaína y naipes pornográficos,
el recuerdo se debilita
como el vaho en la ventana del sótano
donde el diablo se ocultó durante la quema de brujas.

Al cuerpo paralizado del poeta
se acerca de puntillas como una adúltera sigilosa
la sombra que regresa del viaje astral.

Tiempo líquido

Joseph Brodsky miraba rostros en su vodka
cuando entendió que se podría poblar una ciudad
con quienes lo han olvidado.

Si en una ciudad están quienes me olvidaron
y en otra los nombres que ya no pronuncio,
¿la poesía es el codiciado tiquete de salida
de aburridos lugares sin acontecimientos?

En todo caso, cuando alguien nos dejó plantados
y el trago que pedimos hace años sigue lleno
¿qué hacemos para no sentirnos tan vacíos?

L'APPEL DU VIDE

> blanco del papel
> para escribir el precipicio
> FADIR DELGADO

Deseo fugaz pero intenso
—quieras o no suicidarte—
de saltar desde un lugar alto.
A muchos les pasa. Pocos lo admiten.

La llamada del vacío atrae
—te guste o no la poesía—
hacia la página en blanco:
deseo intenso pero fugaz
de escribir un poema.

A muchos les pasa.
Pocos dan el salto.

ÉCFRASIS DE GABRIELA

Óigame usted, bellísima
EDUARDO LIZALDE

Aprendí a mirar tu rostro de cerca y de lejos;
la sonrisa sutil de Mona Lisa,
el brillo eléctrico como ángel de El Greco,
encanto cubista
que uno quisiera besar desde todos los ángulos.
No hay nada que restaurar,
me gustan tus defectos
cuando la pareidolia me deja ver tu rostro
en las nubes, en fuegos artificiales, en mi café.
Y en la noche, un pincel lunar
descubre tu espectro desnudo
en el lienzo de mis párpados,
mirando más allá de la piel
busco lo que no se puede ver ni tocar.
He aprendido a no escribir poemas de tu rostro,
esa pintura que oculta una caja fuerte
que no puede ser abierta con palabras.

EL HOMBRE ELEFANTE (1980)
Sobre una película de David Lynch

Nada decidimos cuando nacemos.
A la muerte cada quien le da su toque personal,
algunos poetas se ven morir a sí mismos
en las pupilas de sus amantes
y los románticos elegían morir abrazados a un árbol.
Yo quiero morir en mi posición favorita para dormir
escuchando el Adagio de Samuel Barber.

Shakespeare dijo:
"la vida es un cuento que no tiene sentido,
contado por un idiota lleno de ruido y furia".
Yo sí encontré un sentido
pero cuando me entreno para morir
prefiero que ese idiota baje la voz.

Me pondré cómodo,
no se atrevan a levantar mis párpados.
Bajen la voz.

Reloj de Alfred Kubin

En las antiguas guerras, luego de la batalla
se enviaban soldados a hundir sus espadas
en cadáveres enemigos,
asegurando así que realmente eran cadáveres.

El hombre siempre ha estado en guerra
contra el olvido,
contra un mundo que no deja de girar.
El futuro siempre se está afilando
en la roca del presente:
tarde o temprano
hará
      rodar
            nuestra
                  cabeza.

Nada tiene más filo que las agujas del reloj.
El tiempo es el soldado enviado por la muerte.

JEEPERS CREEPERS

> Hope is the thing with feathers
> EMILY DICKINSON

Sé que es verdad,
la esperanza es *eso* con plumas.
Pero la vida está llena de espantapájaros.

No es fácil identificarlos.
Quizá vives con uno,
eres alumno de uno,
trabajas para uno
o te crio uno.

Su objetivo principal son los niños,
su misión;
transformar a todos en espantapájaros
sordos a la melodía que no necesita palabras.
Los adultos inventan toda clase de jaulas
y dejan morir de hambre a la esperanza.

No le cuentes a nadie la ubicación del nido.

ÚLTIMAS PALABRAS DE UN BEBÉ
CON ALIENTO A TABACO

Leopoldo María Panero
aún no muere
pero ya no tiene sombra.

Mientras agoniza
        no logra disimular
                su carcajada de hiena.

Con perfecta vocalización
Leopoldo reclama a la muerte
por apagarle el cigarrillo con su frío aliento.

El eco de su último susurro
atravesó los pasillos del manicomio
como una tormenta de nieve:

—En realidad nunca estuve loco.

With a little help from my friends

A Isabella,
que aprende a leer mientras yo aprendo a escribir.

A Gabriela,
mucho más que mi primera lectora.

A Juan Carlos Olivas,
a Javier Alvarado,
a Marisa Russo
por su ayuda, paciencia y amistad.

ACERCA DEL AUTOR

Sean Salas (Heredia, Costa Rica, 1997). Autor de los libros Alter Mundus (El Ángel Editor; 2021) y Ciudad Gótica (Nueva York Poetry Press; 2022). Ganador del VIII Premio Internacional de Poesía Paralelo Cero. Su obra aparece en antologías nacionales e internacionales y ha sido publicado en revistas como La Raíz Invertida (Colombia), Nueva York Poetry Review (Estados Unidos), Círculo de Poesía (México) y Altazor (Chile).

ÍNDICE

Ciudad Gótica

Presentación · 19

Bestiario (I)

Primeras palabras de un bebé con aliento a tabaco · 19
Tabaquería en Ciudad Gótica · 20
Un girasol para Van Gogh · 22
Falsa alarma · 23
Identidad · 24
Esperanza de vida en Siria · 25
Amigos imaginarios · 26
Memento Mori · 27
Chamanismo · 28
Vendrá la muerte y tendrá gafas 3D · 29
África · 30
Limerencia · 31
Maldoror · 32
Ezra Pound con máscara de Guy Fawkes · 33
Liga de la justicia · 34
Diario de Walter Kovacs (Rorschach) · 35
Pregúntale a la lona · 38
Let me stand next to your fire · 39
El resto lo confesaré en el infierno · 40

Colección privada

Ritual maya · 47
Fuegos fatuos · 48
Vecindario · 49
Golosina · 50
Lost in Translation · 51
Pensamientos intrusivos · 52
Código Jung · 53
Curioso caso de Benjamin Button · 54
Horario de visitas · 55
Zoso · 55

Bestiario (II)

Un rostro en la multitud · 63
Casino · 64
Estatua de la libertad · 65
Planeta de los simios · 66
Inocencia de Carrie White · 67
Solución final *(Fndlösung)* · 68
Caballo de Turín · 70
Isla paraíso · 71
Houdini · 72
Syd Barrett · 73
Gérard de Nerval y su langosta · 74

Alicia en lencería de látex · 76
Don't Fear the Reaper · 78
Georg Trakl en sueños · 79
Tiempo líquido · 80
L'appel du vide · 81
Écfrasis de Gabriela · 82
El hombre elefante (1980) · 83
Reloj de Alfred Kubin · 84
Jeepers Creepers · 85
Últimas palabras de un bebé con aliento a tabaco · 86

Agradecimientos · 89

Acerca del autor · 93

Colección
PREMIO INTERNACIONAL DE POESÍA
NUEVA YORK POETRY PRESS

1
Idolatría del huésped / Idolatry of the Guest
César Cabello

2
Postales en braille / Postcards in Braille
Sergio Pérez Torres

3
Isla del Gallo
Juan Ignacio Chávez

4
Sol por un rato
Yanina Audisio

5
Venado tuerto
Ernesto González Barnert

6
La marcha de las hormigas
Luis Fernando Rangel

7
Mapa con niebla
Fabricio Gutiérrez

8
Los Hechos
Jotaele Andrade

Colección
CUARTEL
Premios de poesía
(Homenaje a Clemencia Tariffa)

1
El hueso de los días
Camilo Restrepo Monsalve

-

V Premio Nacional de Poesía
Tomás Vargas Osorio

2
Habría que decir algo sobre las palabras
Juan Camilo Lee Penagos

-

V Premio Nacional de Poesía
Tomás Vargas Osorio

3
*Viaje solar de un tren hacia la noche de Matachín
(La eternidad a lomo de tren) /
Solar Journey of a Train Toward the Matachin Night
(Eternity Riding on a Train)*
Javier Alvarado

-

XV Premio Internacional de Poesía
Nicolás Guillén

4
Los países subterráneos
Damián Salguero Bastidas

-

V Premio Nacional de Poesía
Tomás Vargas Osorio

5
Las lágrimas de las cosas
Jeannette L. Clariond

-

Concurso Nacional de Poesía
Enriqueta Ochoa 2022

6
Los desiertos del hambre
Nicolás Peña Posada

-

V Premio Nacional de Poesía
Tomás Vargas Osorio

Colección
PARED CONTIGUA
Poesía española
(Homenaje a María Victoria Atencia)

1
La orilla libre / The Free Shore
Pedro Larrea

2
No eres nadie hasta que te disparan /
You are nobody until you get shot
Rafael Soler

3
Cantos : & : Ucronías / Songs : & : Uchronies
Miguel Ángel Muñoz Sanjuán

4
13 Lunas 13 / 13 Moons 13
Tina Escaja

5
Las razones del hombre delgado
Rafael Soler

6
Carnalidad del frío / Carnality of Cold
María Ángeles Pérez López

Colección
VIVO FUEGO
Poesía esencial
(Homenaje a Concha Urquiza)

1
Ecuatorial / Equatorial
Vicente Huidobro

2
Los testimonios del ahorcado (Cuerpos siete)
Max Rojas

Colección
CRUZANDO EL AGUA
Poesía traducida al español
(Homenaje a Sylvia Plath)

1
*The Moon in the Cusp of My Hand /
La luna en la cúspide de mi mano*
Lola Koundakjian

2
Sensory Overload / Sobrecarga sensorial
Sasha Reiter

Colección
PIEDRA DE LA LOCURA
Antologías personales
(Homenaje a Alejandra Pizarnik)

1
Colección Particular
Juan Carlos Olivas

2
Kafka en la aldea de la hipnosis
Javier Alvarado

3
Memoria incendiada
Homero Carvalho Oliva

4
Ritual de la memoria
Waldo Leyva

5
Poemas del reencuentro
Julieta Dobles

6
El fuego azul de los inviernos
Xavier Oquendo Troncoso

7
Hipótesis del sueño
Miguel Falquez Certain

8
Una brisa, una vez
Ricardo Yáñez

9
Sumario de los ciegos
Francisco Trejo

10
A cada bosque sus hojas al viento
Hugo Mujica

11
Espuma rota
María Palitachi (Farazdel)

12
Poemas selectos / Selected Poems
Óscar Hahn

13
Los caballos del miedo / The Horses of Fear
Enrique Solinas

14
Del susurro al rugido
Manuel Adrián López

15
Los muslos sobre la grama
Miguel Ángel Zapata

16
El árbol es un pueblo con alas
Omar Ortiz

17
Demasiado cristal para esta piedra
Rafael Soler

Colección
MUSEO SALVAJE
Poesía latinoamericana
(Homenaje a Olga Orozco)

1
La imperfección del deseo
Adrián Cadavid

2
La sal de la locura / Le Sel de la folie
Fredy Yezzed

3
El idioma de los parques / The Language of the Parks
Marisa Russo

4
Los días de Ellwood
Manuel Adrián López

5
Los dictados del mar
William Velásquez Vásquez

6
Paisaje nihilista
Susan Campos Fonseca

7
La doncella sin manos
Magdalena Camargo Lemieszek

8
Disidencia
Katherine Medina Rondón

9
Danza de cuatro brazos
Silvia Siller

10
Carta de las mujeres de este país / Letter from the Women of this Country
Fredy Yezzed

11
El año de la necesidad
Juan Carlos Olivas

12
El país de las palabras rotas / The Land of Broken Words
Juan Esteban Londoño

13
Versos vagabundos
Milton Fernández

14
Cerrar una ciudad
Santiago Grijalva

15
El rumor de las cosas
Linda Morales Caballero

16
La canción que me salva / The Song that Saves Me
Sergio Geese

17
El nombre del alba
Juan Suárez

18
Tarde en Manhattan
Karla Coreas

19
Un cuerpo negro / A Black Body
Lubi Prates

20
Sin lengua y otras imposibilidades dramáticas
Ely Rosa Zamora

21
El diario inédito del filósofo vienés Ludwig Wittgenstein /
Le Journal Inédit Du Philosophe Viennois Ludwig Wittgenstein
Fredy Yezzed

22
El rastro de la grulla / *The Crane's Trail*
Monthia Sancho

23
Un árbol cruza la ciudad / *A Tree Crossing The City*
Miguel Ángel Zapata

24
Las semillas del Muntú
Ashanti Dinah

25
Paracaidistas de Checoslovaquia
Eduardo Bechara Navratilova

26
Este permanecer en la tierra
Angélica Hoyos Guzmán

27
Tocadiscos
William Velásquez

28
De cómo las aves pronuncian su dalia frente al cardo /
How the Birds Pronounce Their Dahlia Facing the Thistle
Francisco Trejo

29
El escondite de los plagios / *The Hideaway of Plagiarism*
Luis Alberto Ambroggio

30
Quiero morir en la belleza de un lirio /
I Want to Die of the Beauty of a Lily
Francisco de Asís Fernández

31
La muerte tiene los días contados
Mario Meléndez

32
Sueño del insomnio / Dream of Insomnia
Isaac Goldemberg

33
La tempestad / The tempest
Francisco de Asís Fernández

34
Fiebre
Amarú Vanegas

35
*63 poemas de amor a mi Simonetta Vespucci /
63 Love Poems to My Simonetta Vespucci*
Francisco de Asís Fernández

36
Es polvo, es sombra, es nada
Mía Gallegos

37
Luminiscencia
Sebastián Miranda Brenes

38
Un animal el viento
William Velásquez

39
Historias del cielo / Heaven Stories
María Rosa Lojo

40
Pájaro mudo
Gustavo Arroyo

41
Conversación con Dylan Thomas
Waldo Leyva

42
Ciudad Gótica
Sean Salas

43
Salvo la sombra
Sofía Castillón

44
Prometeo encadenado / Prometheus Bound
Miguel Falquez Certain

45
Fosario
Carlos Villalobos

46
Theresia
Odeth Osorio Orduña

47
El cielo de la granja de sueños / Heaven's Garden of Dreams
Francisco de Asís Fernández

Colección
SOBREVIVO
Poesía social
(Homenaje a Claribel Alegría)

1
#@nicaragüita
María Palitachi

2
Cartas desde América
Ángel García Núñez

3
La edad oscura / As Seen by Night
Violeta Orozco

4
Guerra muda
Eduardo Fonseca

Colección
TRÁNSITO DE FUEGO
Poesía centroamericana y mexicana
(Homenaje a Eunice Odio)

1
41 meses en pausa
Rebeca Bolaños Cubillo

2
La infancia es una película de culto
Dennis Ávila

3
Luces
Marianela Tortós Albán

4
La voz que duerme entre las piedras
Luis Esteban Rodríguez Romero

5
Solo
César Angulo Navarro

6
Échele miel
Cristopher Montero Corrales

7
La quinta esquina del cuadrilátero
Paola Valverde

8
Profecía de los trenes y los almendros muertos
Marco Aguilar

9
El diablo vuelve a casa
Randall Roque

10
Intimidades / Intimacies
Odeth Osorio Orduña

11
Sinfonía del ayer
Carlos Enrique Rivera Chacón

12
Tiro de gracia / Coup de Grace
Ulises Córdova

13
Al olvido llama el puerto
Arnoldo Quirós Salazar

14
Vuelo unitario
Carlos Vázquez Segura

15
Helechos en los poros
Carolina Campos

16
Cuando llueve sobre el hormiguero
Alelí Prada

Colección
VÍSPERA DEL SUEÑO
Poesía de migrantes en EE.UU.
(Homenaje a Aida Cartagena Portalatín)

1
Después de la lluvia / After the rain
Yrene Santos

2
Lejano cuerpo
Franky De Varona

3
Silencio diario
Rafael Toni Badía

4
La eternidad del instante / The Eternity of the Instant
Nikelma Nina

Colección
MUNDO DEL REVÉS
Poesía infantil
(Homenaje a María Elena Walsh)

1
Amor completo como un esqueleto
Minor Arias Uva

2
La joven ombú
Marisa Russo

Colección
LABIOS EN LLAMAS
Poesía emergente
(Homenaje a Lydia Dávila)

1
Fiesta equivocada
Lucía Carvalho

2
Entropías
Byron Ramírez Agüero

3
Reposo entre agujas
Daniel Araya Tortós

Colección
MEMORIA DE LA FIEBRE
Poesía feminista
(Homenaje a Carilda Oliver Labra)

1
Bitácora de mujeres extrañas
Esther M. García

2
Una jacaranda en medio del patio
Zel Cabrera

3
Erótica maldita / Cursed Erotica
María Bonilla

4
Afrodita anochecida
Arabella Salaverry

5
Zurda
Nidia Marina González Vásquez

Colección
VEINTE SURCOS
Antologías colectivas
(Homenaje a Julia de Burgos)

Antología 2020 / Anthology 2020
Ocho poetas hispanounidenses / Eight Hispanic American Poets
Luis Alberto Ambroggio
Compilador

Colección
PROYECTO VOCES
Antologías colectivas

María Farazdel (Palitachi)
Compiladora

Voces del café

Voces de caramelo / Cotton Candy Voices

Voces de América Latina I

Voces de América Latina II

Para los que piensan como Emil Cioran que *Un libro debe ser un peligro*, este libro se terminó de imprimir en el mes de marzo de 2022 en los Estados Unidos de América.

www.ingramcontent.com/pod-product-compliance
Lightning Source LLC
Chambersburg PA
CBHW030119170426
43198CB00009B/668